マナーを守って
楽（たの）しく極（きわ）める！

正（ただ）しい
鉄（てっ）ちゃん道（どう）

①撮（と）り鉄（てつ）

はじめに

　鉄道を趣味とすることは、とてもすばらしいことだと思います。人それぞれ、楽しみ方もさまざまで、撮ったり乗ったり集めたり、時刻表や模型を楽しむなど、たくさんの分野に分かれます。

　ボクは小さいころから鉄道の写真を撮ることが好きで、今ではプロの鉄道カメラマンになっていますが、君たちと同じ年のころには列車に乗ることも、きっぷや駅弁のかけ紙を集めることも大好きでした。でも、そのころは子ども向けの鉄道の本なんてほとんどなく、ただ自分で適当に楽しんでいるだけでした。

　ところが大人になるにつれて、「もっと○○しておけばよかった」とか、「△△のことを知っていたら、より楽しめたのに」など、後悔することがたくさん出てきました。昔のことは今はもう経験できないので、とてももったいなく感じました。

　そして、ボクのような残念な思いを君たちにはしてほしくない！　という気持ちが、この本を書こうと決めるきっかけになりました。

　今回は鉄道の趣味の中でも、とくに人気のある「撮り鉄」「乗り鉄」「駅鉄」の３ジャンルを取り上げています。それぞれの本にはボクの知識と経験、ノウハウなどをたっぷりつめこんであります。もちろん趣味をおこなううえで他人に迷惑をかけるようなことはゆるされませんから、ルールやマナーについても書いています。

　このシリーズを読んで、鉄道が好きな人ならなおさらですが、そうでない人でも、あらためて鉄道という趣味の面白さや楽しさ、奥深さを知ってください。そしてこのシリーズが正しい「鉄ちゃん」として活動していくための手引き書になることを、心から願っています。

鉄道カメラマン　山崎友也

山崎です。
ワシは広島出身じゃけえ、
広島弁でしゃべらせてもらうで。

ユキヒロです。
４年生です！
今日から鉄ちゃんを
めざします！

ユウカです！
３年生でーす。
写真大好きです！

みんなで楽しく
学ぼう！

もくじ

この本の使い方

この本は、「正しい鉄ちゃん道」を極めるための知識やテクニック、ルールやマナーを紹介しています。

駅ナンバリング

「駅ナンバリング」がある駅は、駅名の後ろにつけました（くわしくは3巻で）。例：物井駅（JO32）

列車名（形式）

列車名の後ろに形式をつけました（くわしくは2巻で）。例：宗谷（キハ261系）

ポイント

鉄ちゃん道を極めるうえで気をつけるべき点や、用語を解説します。

プロのアドバイス

鉄道カメラマンの山﨑友也からの専門的なアドバイスです。

カメラくん

写真の撮り方やカメラの使い方のコツなどを教えます。

ザンネン

タイミングや構図がイマイチな写真には、このマークがついています。

山﨑友也に学ぶ撮り鉄の旅

> カッコいい列車の写真を撮りたいんだけど、どうすれば撮れるのかな〜？

> 鉄道写真のことならワシに任せんさい。それじゃあ、次の休みの日にみんなで列車を撮りに行こう！

ここは千葉県にある有名な撮影地。総武本線の物井駅（JO32）と佐倉駅（JO33）とのあいだにあり、「モノサク」と呼ばれているよ。

> よーし、がんばって撮るぞ〜！

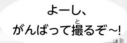

千葉県四街道市亀崎踏切付近（通称：モノサク）

今日はここでコンパクトデジタルカメラを使った列車の写真の撮り方を教えよう！

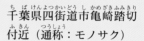
📷 撮れる列車

成田エクスプレス／しおさい／普通列車／貨物列車など

① 編成写真にチャレンジ

走っている列車をはっきりと写す「編成写真」（→12ページ）をカッコよく撮ってみよう。さあ、向こうから列車がやって来るよ。

さて、どんな写真が撮れたかな？

> あれは総武線快速のE235系じゃ。同じ路線でもいろいろな形式の列車が通るけぇ、違いを見るのも楽しいで。

ユウカちゃんの写真

ユウカちゃんは、シャッターを押すタイミングが遅すぎたんじゃね。「ここで撮りたい！」と思う少し手前に目印を決めて、そこに列車の顔（→11ページ）が来たら、すばやくシャッターを押しんさい。

ユキヒロくんの写真

> ユキヒロくんはタイミングはええんじゃけど、列車の位置が上すぎじゃ。写真の下のほうにムダな部分が多いけぇ、もっとカメラを上に向けて撮ってみんさい。

こんな感じの構図（→11ページ）で、ここを目印にして列車がさしかかったら……。さあ、また列車がやって来たで。

列車の大きさはふたりとも
だいぶよくなったんじゃけど、
カメラが列車の動きにつられて
右方向にズレてしもぉとる。
構図がくずれんようにせんといけんね。

ユウカちゃんの写真　　ユキヒロくんの写真

シャッターを
押すことだけに
集中できたよ。

カメラが
固定されているから
構図がズレないね。

次は三脚にカメラを
固定して列車を撮っ
てみよう。

いろいろ気をつけることが
あって大変じゃろ。
じつは列車の写真を撮るうえで、
とても便利なアイテムがあるん
じゃ。それがこの三脚。

三脚を使って撮ったユウカちゃんの写真

② 風景写真を撮ってみよう

今度は「風景写真」
（→12ページ）を撮っ
てみよう。風景写真は
列車をあまり大きく写
さず、景色を広めにし
た構図にして撮るのが
コツだよ。

ユキヒロくんの写真

列車がぜんぶ写っていていいのぉ。ただし列車全体が
画面の真ん中に来ないように撮ると、もっとカッコよくなるで。
列車がもう少し画面の右に進んでからシャッターを押しんさい。
それから画面が右下がりじゃ。脇をしめて構えて、
手持ちでも線路が水平に保てるように練習してみんさい。

ユウカちゃんの写真

列車の顔がよく撮れとるのぉ。
ほいじゃが、列車が途中で切れてしもぉとるし、
列車の顔が画面の真ん中に来とるのは
鉄道写真ではあまりカッコよくないと

されとるんじゃ。
もっと広角側にズーム（→11ページ）して
列車の編成全体を入れてみんさい。

アドバイスしてもらったことに注意して、もう一度列車を撮ってみよう。

うわ～、ふたりとも
バッチリ撮れとるじゃんか。
すごい上達ぶりじゃのぉ！

ユウカちゃんの写真

ユキヒロくんの写真

③ 流し撮りに挑戦

最後はイメージ写真の「流し撮り」（→35ページ）をやってみよう。流し撮りは走っている列車の動きに合わせて、カメラで追いながら撮る手法。少し技術が必要になるが、挑戦してみよう。

列車の動きに
合わせるのが
むずかし～い。

ユウカちゃんは、列車の顔は
写せておるのぉ。
次は後ろの車両も写るよう
撮ってみんさい。
ユキヒロくんは、列車の動きに
合わせてカメラは追えておるのぉ。
次はもっとカメラを
下に向けて撮ってみんさい。

ワシの写真

ユウカちゃんの写真

ユキヒロくんの写真

画面にムダな部分がないように列車が収まっている。車両がブレることなく止まって写っているが、背景は流れているため、ちゃんと走っているように見える。

流し撮りはちょっとむずかしい
撮り方なんじゃ。
これが撮れるようになると、
撮り鉄の中でも上級者。
鉄道写真を撮るのがもっと
楽しくなるで！

さすがプロ！

カッコいい！

1章

「撮り鉄」の基本を学ぼう

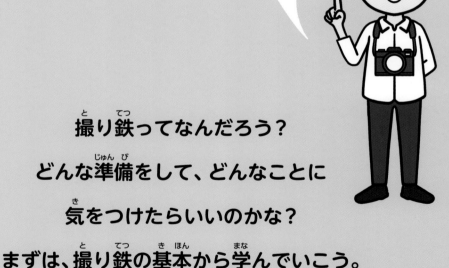

撮り鉄ってなんだろう？

どんな準備をして、どんなことに

気をつけたらいいのかな？

まずは、撮り鉄の基本から学んでいこう。

撮り鉄の鉄則！

撮り鉄たるもの、鉄道写真の腕をみがくうえで、
かならず守らなくてはならない鉄則がある。
この十箇条を熟読し、正しい撮り鉄をめざせ。

其の一 鉄道写真を撮ることを楽しむべし。

其の二 カメラの使い方を学ぶべし。

其の三 撮りたい列車について調べるべし。

其の四 無理のない撮影計画を立てるべし。

其の五 地図・時刻表が読めるようになるべし。

其の六 いろいろな人が撮った写真を学ぶべし。

其の七 失敗した原因を探るべし。

其の八 あきらめずに何度も挑戦すべし。

其の九 撮った写真に満足するべからず。

其の十 ルールやマナーを守らないものは、
撮り鉄にあらず。即刻、破門とする。

鉄道の写真を撮ることが好きな人たちを「撮り鉄」という。鉄道ファンの中でも人数が多く、人気の趣味だ。ここではそんな撮り鉄の楽しさや、撮り鉄によるメリットなどを学んでみよう。

① いつでも列車を鑑賞できる

列車の写真を撮っておけば、カメラやパソコンに保存して楽しむことができる。またその写真をスマホやタブレットにも入れておけば、どこでもその列車を鑑賞することができる。

② 撮る喜びを味わえる

ドキドキ、ワクワクしながら撮影することは、撮り鉄の楽しさの極みである。めあての列車がバッチリ撮れれば、それまでの待ち時間のたいくつさや暑さ、寒さ、撮影地まで歩いてきた疲れなどがいっぺんに吹き飛ぶ。

③ 写真そのものがうまくなる

なんとなくシャッターを押すのではなく、バランスの取れた構図を考えながら撮影するようになる。鉄道に限らず、どんな被写体（撮るもの）にもその意識が生きてくるので、撮影技術が向上する。

④ 方角や季節にくわしくなる

自然の中で撮影するので、日の出や日の入りの方角はもちろん、東西南北の方位などもおのずと学べる。また、風景を生かして撮る場合には季節感も意識するようになり、花や木などの名前や見ごろのシーズンも覚えるようになる。

撮り鉄を極めると、いろんないいことがあるんだね！

列車の写真を撮ることは、ぶち楽しいじゃろ？

こんなときどうする？

Q. めずらしい列車の写真を撮りたいけど、すでにたくさんの撮り鉄が！ どうしたらいい？

A. 安全に撮影できそうな場所を冷静に探そう。集まった人たちもあえて構図に入れて撮ってもいい。まわりの人たちとゆずり合い、おたがい気持ちよく撮影しよう。

Q. ひとりで鉄道を撮りに出かけたら帰り道に迷ってしまったことがある。 どうしたら防げた？

A. 撮影地は、わかりにくい場所や野山も多いので、単独行動はやめよう。どこに出かけるのかを、かならず家族に知らせておこう。迷ったりケガしたりすることを考え、食べものや飲みもの、ばんそうこうなどを持って行こう。

撮り鉄でぜったいに必要なものはもちろんカメラ。でも、はじめてカメラをさわるという人も多いはず。ここではカメラの種類の紹介から、列車を撮るときのカメラの構え方など、撮り鉄をめざす君たちに向けて、わかりやすく説明しよう。

1 カメラの種類

コンパクトデジタルカメラ

通称「コンデジ」と呼ばれ、シャッターを押すだけでだれでもかんたんに写真が撮れる。しかも小さくて軽いので、君たちでもあつかいやすい。機種によって使える機能が限られる。

※撮り鉄度＝走っている列車の撮りやすさ

ネオ一眼レフカメラ

コンデジの一種だがズームできるはばが広く、とくに超望遠での撮影をすることができるカメラ。列車を大きく撮りたい人には向いているので、撮り鉄には人気がある。

デジタル一眼レフカメラ

目的や用途に応じ、レンズを交換できる。ファインダーと呼ばれる窓のようなものを、片目でのぞきながらシャッターを押す。カメラは大きくて重たいが、画質はとてもよい。

ミラーレス一眼カメラ

以前はデジタル一眼レフカメラが一般的だったが、現在はこちらのほうが主流になっている。レンズが交換できるうえに、コンパクトなのが特徴だ。もちろん画質もよい。

まずはコンデジからはじめてみるとええで!

スマホでも撮ってみよう

カメラ機能がついているスマホを持っていれば、カメラがなくても列車を撮ることができる。画質はコンデジにはおよばないが、機種によってはコンデジ以上の性能のものもある。

② カメラの持ち方

ここではコンデジの持ち方をレクチャーしよう。一般的には、左右の親指はカメラのモニター（後ろ）側、ひとさし指は上部（右手のひとさし指はシャッターボタンの上）、ほかの指はまるめて中指でカメラ前部をはさんで持つ。

右手のひとさし指は
シャッターボタンの上

液晶モニター

カメラが動かないように両手で持つ

④ 服装のポイント

一番こだわりたいのは、靴。撮影地は平らなアスファルトとは限らず、砂利道や斜面、ぬかるみだってある。雪の上やトゲのある草むらを進むこともあるので、ふつうのスニーカーよりも、しっかりとした丈夫な靴を選びたい。

③ カメラの構え方

カメラがきちんと持てても、構え方が悪ければよい写真は撮れない。多くの人が脇を開いてカメラを構えているが、それは間違い。脇はかならずしめて、肩に力が入らないように、ひじでカメラを支えるような感覚で構えよう。

レンズを指で
さわらない

脇をしめて、
脇腹にひじをくっつける

足は肩はばくらいに開き、
リラックス

くるぶしが隠れる
ハイカットのシューズが
オススメ

撮り鉄は足元が大事。
サンダルなんかで
撮りに行っちゃぁいけんで！

撮り鉄用語集

撮り鉄を極めるには、カメラや写真の専門用語を覚えておくと、とても便利で理解も深まる。
なるべくたくさんの用語を覚え、より早い上達をめざそう。

● 構図＝見えている景色の中で、どの部分をどのように写すかという範囲。撮った写真の場合は、何がどんな位置に写っているかという全体像をさす。

● ズーム＝レバー※などを操作して列車や景色を大きく写したり小さく写したりすること。写真に写る範囲を変更すること。

● 望遠（アップ）＝列車や景色が液晶モニター※で見えているよりも大きくなるような構図のこと。

● 広角（ワイド）＝列車や景色が液晶モニター※で見えているよりも小さくなり、まわりのようすがもっと写るような構図のこと。

● 標準＝列車や景色が、目で見ているのと同じよ

うな大きさや範囲で写真に写る構図のこと。

● ポール＝電化区間で架線を支える電柱。

● 顔＝列車の先頭車両の面。前面。

● お尻＝列車の最後尾の車両の面。最後部。

● 順光＝太陽を背にして写真を撮る光線状態。列車の前から日があたるので、顔や列車全体をはっきり撮影できる。

● 逆光＝太陽を前に見て写真を撮る光線状態。列車の向こう側から日があたるので顔や車両が影になる。

● 縦位置＝縦長の写真になるようにカメラを縦にして構えること。

● 横位置＝横長の写真になるようにカメラを横にして構えること。

※コンデジの仕様に合わせた表現

鉄道写真は、大きく分けて「列車写真」「風景写真」「イメージ写真」「スナップ写真」の４つのカテゴリーがある。これらの撮り方は大きく異なるので、それぞれの特徴を理解することで、適切な撮影地の選択や機材の準備などに役立ててほしい。

1 列車写真

ボクたちが
よく目にする写真は
編成写真だね。

列車の色や形など、細部まではっきりとわかるように写した写真のこと。なかでも、車両基地や駅などに、停車している列車を撮ったものを「形式写真」、線路を走行している列車を撮ったものを「編成写真」と呼ぶ。編成写真は、撮り鉄が最も好む写真であり、鉄道写真の基本でもある。線路の状況によって撮り方や呼び方が異なり、一般的な「直線」のほか、カーブの内側から列車をねらう「インカーブ」や、カーブの外側からねらう「アウトカーブ」などの種類がある。

形式写真

ALFA-X（E956形）

「直線」の編成写真

３６ぷらす３（787系）

「インカーブ」の編成写真

ちちぶ（西武鉄道 001系）

「アウトカーブ」の編成写真

みずほ（N700系）

② 風景写真

山や田畑、花、海、渓谷など、美しい風景の中を走る列車を撮った写真。あくまでメインは風景なので、列車は小さくてよい。風景のみを写した写真と区別するため、「鉄道風景写真」とも呼ばれている。

うずしお（2700系）

④ スナップ写真

列車が主役ではなく、乗降客や乗務員、駅や線路、踏切、信号機など、鉄道を取り巻くあらゆるものにスポットをあてた写真。列車が写っていなくても、どこかに鉄道を感じさせることができれば、それは立派な鉄道スナップ写真である。

山陰本線（玉造温泉駅〜来待駅）

③ イメージ写真

列車の色や形よりも、スピード感や迫力を重視した写真と、撮った人の心情やその場の雰囲気を感じさせることを目的とした写真の2種類に分けられる。ドラマチックに写る反面、カメラの知識や技術、あるいは自分のセンスや想像力が問われる。

スピード感や迫力を重視したイメージ写真

のぞみ（N700S）

撮った人の心情やその場の雰囲気を感じさせるイメージ写真

普通列車（秩父鉄道6000系）

撮り鉄を極めるには、列車を大きく写すだけじゃあダメなんじゃ。いろいろな写真にチャレンジしてみんさい。

なんの準備や用意もしないまま、列車の写真を撮りに行くのではなく、事前に撮影地や撮りたい列車のことを調べておこう。地図で場所を確認したり、時刻表でめあての列車が通る時刻をチェックするなどしておけば、現地であせることなく、落ち着いて撮影ができるだろう。

① 地図を読もう

4ページでおとずれたモノサク付近の地図を見ると、駅から撮影地（亀崎踏切）までの行き方がわかる。物井駅の東口を出て、線路沿いの道を佐倉駅方向に進み、踏切で線路を渡れば到着だ。また、モノサク付近の線路は南西から北東に向かって敷かれていることもわかる。

地図の右下にあるスケール（縮尺）で、撮影地までのおおよその距離がわかるで！

② 太陽の位置を知ろう

太陽は東のほうから出て南のほうに昇り、西のほうに沈む。そのため踏切の西側で佐倉駅から物井駅行きの列車を撮る場合は、朝は逆光（→11ページ）で、夕方近くに順光（→11ページ）で撮れることがわかる。

ポイント

◆ は都道府県道、■ は高速道路です。書かれているアルファベットと数字は、ナンバリングをあらわしています。

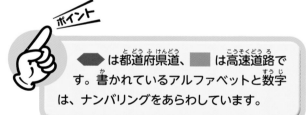

ザンネン

モノサクで朝に物井駅方向へ行く列車は逆光になるので、列車の顔が影になる。

順光　　　逆光

逆光だと、顔が暗くてカッコ悪い写真になっちゃうんだね。

3 時刻表で調べよう

下り　総武本線・成田線（その3）・成田線（我孫子－

大船・新宿―東京―千葉―佐倉―成田空港・銚子

列車番号	353M	2451M	2025M	1259F	1165F		2027M	2227M	355M	1137F	1137F	2453M	2029M	4005M	1357M	2031M	2231M	1455M	359M	1465F	1231F	2457M	1361M	2033M	1303F	1357F		2035M	2235M	363M	
列車名			特急 成田エクスプレス25号	快速	快速		特急 成田エクスプレス27号	特急 成田エクスプレス27号		快速	快速		特急 成田エクスプレス29号	特急 しおさい5号		特急 成田エクスプレス31号	特急 成田エクスプレス31号			快速	快速			特急 成田エクスプレス33号	快速	快速		特急 成田エクスプレス35号	特急 成田エクスプレス35号		
前の掲載頁				544	539					539	544									544	539				539	544					
始発	..	..	..	..	逗子 1142	..	..	..	..	久里浜 1144	久里浜 1144	..	..	..	..	..	..	..	..	..	久里浜 1244	..	..	..	逗子 1342	逗子 1342	..	..	..	..	..
大船 発	..	..	東京新宿間 2225M	..	1154	..	1210	..	..	1225	1226	..	東京新宿間 2229M	..	..	1310	..	..	..	..	1325	..	..	東京新宿間 2233M	1354	1354	..	1410	..	..	..
戸塚 〃	..	..		..	1159	..	1218	..	..	1230	1231	..		..	..	1318	..	..	..	..	1330	..	..		1359	1359	..	1416	..	..	..
横浜 〃	..	..		..	1211	..	1228	..	..	1243	1244	..		..	..	1328	..	..	..	..	1343	..	..		1411	1412	..	1428	..	..	..
武蔵小杉 〃	..	..		..	1223	..	1240	..	..	1256	1256	..		..	..	1340	..	..	..	..	1355	..	..		1423	1424	..	1439	..	..	..
新宿 〃	..	..	1208	..	‖	..	‖	1238	..	‖	‖	..	1308	..	..	‖	1338	..	..	..	‖	..	..	1408	‖	‖	..	‖	1438	..	..
渋谷 〃	..	..	1215	..	‖	..	‖	1244	..	‖	‖	..	1315	..	..	‖	1344	..	..	..	‖	..	..	1415	‖	‖	..	‖	1445	..	..
品川 〃	..	..	1224	..	1233	..	1249	レ	..	1305	1306	..	1324	..	..	1349	レ	..	..	..	1405	..	..	1424	1434	1436	..	1449	レ	..	..
東京 着	..	..	1231	..	1241	..	1256	1300	..	1313	1313	..	1331	..	..	1356	1400	..	..	..	1413	..	..	1431	1442	1443	..	1456	1500	..	..
着発番線			④	③	④		④	④		④	④		④	②		④	④			③	④			④	④	④		④	④		
東京 発	..	..	1232	1243	1245	..	1302	↵	..	1315	1315	..	1332	1339	..	1402	↵	..	..	1414	1415	..	..	1432	1446	1447	..	1502	↵	..	..
錦糸町 〃	..	..	レ	1252	1254	..	レ		..	1324	1324	..	レ	1347	..	レ		..	..	1423	1424	..	..	レ	1454	1455	..	レ		..	..
船橋 〃	..	..	レ	1308	1309	..	レ		..	1340	1340	..	レ	レ	..	レ		..	..	1439	1440	..	..	レ	1510	1510	..	レ		..	..
津田沼 〃	..	..	レ	1312	1313	..	レ		..	1344	1343	..	レ	レ	..	レ		..	..	1444	1444	..	..	レ	1514	1514	..	レ		..	..
千葉 着	..	..	レ	1323	1324	..	1327		..	1355	1354	..	レ	1410	..	1427		..	..	1455	1455	..	..	レ	1525	1525	..	1527		..	..
千葉 発	1312	..	レ	1331	1331	..	1328	..	1341	1400	1400	..	レ	1411	1414	1428	..	1431	1442	1501	1501	..	1511	レ	1531	1531	..	1528	..	1541	..
東千葉 〃	1314	..	レ	レ	レ	..	レ	..	1343	レ	レ	..	レ	レ	1416	レ	..	1433	1444	レ	レ	..	1514	レ	レ	レ	..	レ	..	1543	..
都賀 〃	1318	..	レ	1336	1336	..	レ	..	1347	1404	1404	..	レ	レ	1420	レ	..	1437	1448	1505	1505	..	1517	レ	1536	1536	..	レ	..	1547	..
四街道 〃	1322	..	レ	1340	1340	..	レ	..	1351	1408	1408	..	レ	レ	1424	レ	..	1441	1452	1509	1509	..	1521	レ	1539	1539	..	レ	..	1550	..
物井 〃	1326	..	レ	1344	1344	..	レ	..	1355	1412	1412	..	レ	レ	1428	レ	..	1445	1456	1513	1513	..	1525	レ	1543	1543	..	レ	..	1554	..
佐倉 着	1330	..	レ	1348	1348	..	レ	..	1359	1416	1416	..	レ	1422	1432	レ	..	1449	1500	1517	1517	..	1529	レ	1547	1547	..	レ	..	1558	..
佐倉 発	1332	..	レ	1348	1348	..	レ	..	1403	1416	1416	..	レ	1425	1433	レ	..	1450	1503	1517	1517	..	1533	レ	1550	1550	..	レ	..	1559	..
酒々井 〃	‖	..	レ	1354	1354	..	レ	..	‖	1423	1423	..	レ	‖	‖	レ	..	1456	‖	1524	1524	..	‖	レ	1556	1556	..	レ	..	‖	..
成田 着	‖	..	レ	1401	1401	..	レ	..	‖	1429	1429	..	レ	‖	‖	レ	..	1503	‖	1530	1530	..	‖	レ	1603	1603	..	レ	..	‖	..
成田 発	‖	1341	レ	1408	1408	..	レ	..	‖	1430	1430	1441	レ	‖	‖	レ	..	..	‖	1532	1532	1536	‖	レ	1608	1608	..	レ	..	‖	..
空港第2ビル 着	‖	‖	1323	1417	1417	..	1354	..	‖	1442	1442	‖	1428	‖	‖	1454	..	..	‖	1541	1541	‖	‖	1523	1617	1617	..	1554	..	‖	..
成田空港 着	‖	‖	1327	1420	1420	..	1357	..	‖	1445	1445	‖	1432	‖	‖	1458	..	..	‖	1543	1543	‖	‖	1527	1620	1620	..	1557	..	‖	..

『JR時刻表』（交通新聞社）

千葉駅（JO28）を出た快速電車が12分後に物井駅を発車しとるけぇ、
成田エクスプレスは千葉駅を出てから6～10分後くらいに、物井駅を通過するんじゃないかのぉ。

鉄道を趣味にするうえで欠かせないのが時刻表。ここには「鉄ちゃん」に必要なさまざまな情報がつまっている。撮り鉄的には、撮りたい列車が撮影地を何時ごろに通過するのかを調べたいときにとても役立つ。大型の時刻表であれば、新幹線や特急列車の編成表も確認できるので、そこから車両の形式や両数などもわかる。

4 ホームページやアプリを活用しよう

鉄道会社のホームページ上の案内サービスやアプリで便利な情報が、列車走行位置の表示である。各社で呼び名は異なるが、路線を走っている列車が今どこにいるのかという位置情報を、ほぼリアルタイムで示してくれる。時刻表には駅の通過時刻はのっていないので、最寄り駅を通過する特急列車などの撮影に位置情報はとても便利だ。

ポイント

右は、JR東日本のホームページ上の案内サービス「どこトレ」。列車の走行位置を示す青い矢印をタップすると、その列車の両数のほか、停車駅や発着時刻などの情報が手に入ります。

総武本線
千葉
運行状況・時刻表
下り
13:12
13:03 更新
普通 銚子
6両
13:28
特急 成田空港
12両 成田エクスプレス27号
13:31
快速 成田空港
15両
13:41
普通 銚子
6両
14:00
快速 成田空港
11両
周辺の天気
09月06日 火
最高気温 33℃
最低気温 23℃
東日本旅客鉄道株式会社
更新時刻 13:10
千葉方面
乗換
東千葉
都賀
街道
物井
佐倉
乗換
南酒々井
榎戸
八街
日向
銚子方面
遅延証明

http://doko-train.jp/

JR東日本「どこトレ」スマホ画面

撮影地に行く前に、どうしても覚えておかなければならないことがある。それは、自分のカメラの使い方だ。コンデジはシャッターボタンを押せば写るように作られているが、状況に合わせた設定にすると、よりよく撮れる。ここでは撮り鉄向けのカメラの設定方法などを教えよう。

① 撮影モードは「スポーツモード」

列車のような動きの速い被写体を撮るのに適しているのが「スポーツモード」だ。"スポーツ"と名前がつくが、手ブレや被写体のブレをおさえる設定なので、撮り鉄にはピッタリである。

スポーツモードがなければ、子どもやペットを撮るモードでも大丈夫だよ。

ポイント

列車が画面の中に入ってきたらシャッターボタンを半押し（軽く押している状態）し続けるか、液晶モニターの中の列車をタッチしないと、動体予測の機能がオンにならないので注意しましょう。

↑このコンデジでは「動態予測」＝「サーボAF」。

② AF（オートフォーカス）の設定は「動体予測」

カメラが自動でピントを合わせるAFの設定を「動体予測」にすると、被写体の動きを予測してピントを合わせてくれるので、走っている列車を撮るのに向いている。

動体予測の設定は、カメラメーカーによって呼び方が違う。わからんかったら、大人に設定してもらいんさい。

③ 高速連続撮影でチャンスを逃すな

シャッターの設定は「高速連続撮影」。撮りたい位置のすぐ手前に列車がさしかかったら、あとはひたすら連写しよう。列車がまだ遠くにいるときから連写してしまうと、途中で撮れなくなってしまうので注意が必要だ。

④ 電池の予備はかならず用意する

最近のコンデジは、カメラの背面にある液晶モニターを見ながら撮影するタイプがほとんどだ。このモニターに画像が映っていれば、それだけで電池を消耗しているので、予備の電池を用意することをオススメする。

ポイント

SDカードなどのメモリーはコンビニでも手に入りますが、カメラの電池は売っていません。充電切れにはじゅうぶん注意しましょう。

三脚の脚を
ぜんぶ伸ばしたときに、
自分の身長よりも
高くなるものを
選ぶとええじゃろう。

へえ、
そうなんだ！

⑤ あると便利な三脚

きちんとカメラを構えていても、いざ列車が近づいて来ると、列車の動きにつられて構図が予定とズレてしまうことがほとんどだ。それを防いでくれるのが三脚である。三脚にカメラを固定し、撮りたい構図を決めてしまえば、あとは列車がやってくるのを待つだけなので、大変便利なアイテムだ。

駅で撮影するときの10の掟

駅で撮影する場合は、右の10の掟をかならず守ること。駅で撮影することは禁じられてはいないが、都心部や大きなターミナル駅では乗降客が多いため、なるべく駅での撮り鉄はやめたほうがいいだろう。

ザンネン

普通列車（小田急電鉄 3000形）

1 **黄色い点字ブロックの外側にはぜったい出ない**
2 **列車の往来をさまたげない**
3 **乗降客のじゃまをしない**
4 **駅員の指示に従う**
5 **ホームを走らない**
6 **三脚を使用しない**
7 **フラッシュを使用しない**
8 **騒がない**
9 **長時間いすわらない**
10 **不正乗車をしない**

駅で形式写真を撮るなら対向式のホーム（くわしくは3巻で）で、反対のホームに停車している列車を撮ることじゃ。これなら顔からお尻（→11ページ）のほうまで列車がきれいに写るじゃろぉ。
撮影するときはホームにしゃがんで撮ることじゃ（右の写真）。立ったまま撮ると、高い位置から列車を見ることになるので車両の形がおかしく写るで（左の写真）。

やってはいけない、撮り鉄 NG 集

カッコいい写真を撮るためならどこにでもふみこむ

線路に近づきすぎると危ないばかりか、運転士がビックリして列車を急停車させてしまい、大勢の人に迷惑をかけてしまうこともある。もちろん、閉じている踏切の中に入ったり、体を乗り出したり、鉄道会社の敷地内など、立入禁止の場所で撮ることもダメだ。

ベストポジションを確保するためにたたかう

撮影地で出会った人たちにはかならずあいさつし、みんなで楽しく撮影しよう。基本的に、すでに撮っている人たちの前には、ぜったいに出ないこと。あとから来た人も撮れるようにゆずり合うなどして、自分勝手にならないよう心がけよう。

まわりのことなど気にしないで、思いどおりに行動する

最近は動画を録る人も多いので、列車が来て興奮しても、大声で話したりしないよう気をつけよう。また踏切以外の場所で線路を横切ったり、許可なく他人の土地に入ったり、まわりにゴミを捨てるなど、ルールやマナーを破ることも厳禁だ。

2章

列車写真を撮ってみよう

鉄道写真の中でも
人気のあるのが、列車写真だ。
どうしたら列車をカッコよく
撮ることができるのか!?
撮り方の基礎から応用までを
実践してみよう。

それではいよいよ実際に列車写真を撮ってみよう。列車は思っている以上に速いスピードで走っているので、その速さにビックリして失敗することがほとんどだ。まずは同じ場所で何度も撮ってみて、列車の速度になれることからはじめよう。

ポイント

シャッターを早く押してしまうと、このように列車が小さく写ってしまいます。

ザンネン

① 撮りたい位置を決めておこう

「早く撮らないと列車が画面からハミ出てしまう！」とあせってしまい、撮れた写真は列車がとても小さかった。こんなミスを防ぐには、あらかじめ「列車がここに来たときに撮りたい」という位置の少し手前に目印を決めておこう。そして、そこに列車がさしかかったときにシャッターを押すといい。

タイミングが大事なんだね。

北斗（261系）

カメラによって連写（→16ページ）できる枚数も決まっとる。じゃけぇ、この場合ならマルのついた丘に列車がさしかかってからシャッターを押しはじめるんじゃ。

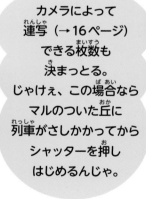

バッチリ撮れたじゃろぉ！

ザンネン

② 手ブレに気をつけよう

列車が来たときに緊張してしまい、シャッターを押す力が強すぎると、カメラが動いて写真全体がブレて写る。これが「手ブレ」。手ブレは望遠（アップ）で撮るとき（→11ページ）に起こりやすいので注意しよう。

手ブレしないよう、シャッターはひとさし指の腹の部分でやさしく押すことがポイントだよ！

③ 列車もブレないように

広角（ワイド）で撮っていると（→11ページ）、列車の動きが速すぎてブレて写ってしまうこともある。そんなときには望遠にズームして、列車を大きく写すといい。

ザンネン

スカイライナー（京成電鉄 AE1 形）

広角で撮ると、列車にピントが合ってない「ピンボケ」になることもあるんじゃ。そんなときは望遠にして撮ってみんさい。列車にちゃんとピントが合うじゃろぉ。

なるほど！

④ 列車の編成をすべて入れよう

列車が近づいて来ると、列車の顔ばかり気になってしまい、構図がくずれて列車の編成が切れてしまう失敗も多い。

ポイント

列車の顔だけを見るのではなく、お尻もちゃんと画面の中に収まっているか、確認しながら撮りましょう。

ザンネン

よい写真とザンネンな写真の違いはいったいなんだろう？　それはズバリ、構図の違いだ。列車だけに集中しないで画面のあちこちにも気を配り、構図に入れたくないものが写っていないか確認してからシャッターを押すよう心がけよう。

① 列車の顔のすぐ横には ポールを置かない

電車が走る線路の横には、架線をはるためのポール（→11ページ）がある。このポールをなるべく目立たせないのがよい構図だ。ザンネンな構図の見本は、列車の顔のすぐ横にポールが写っている写真。これだととても圧迫感があるので、できる限り避けるように。

ザンネン

ポイント

列車の顔のすぐ横にあるポールを構図に入れたくないときは、位置を前後どちらかに20歩くらい移動しましょう。

なるほど、そっか！

成田エクスプレス（E259系）

レンズをちょっと望遠か広角にズームして、ポールを列車で隠すいう方法もあるんじゃ！

② 目立つ人工物は画面の中に入れない

線路のまわりには、踏切や信号関連の機器をはじめ、建物や看板など、列車をきれいに写そうとしたときに構図に入れたくないものがたくさんある。これらをできるだけ避けるか、工夫してなるべく目立たせないように写したい。

線路の向こう側にある目立つものは、列車で隠してしまえば問題ないんだ。列車がいないときは青い屋根の小屋が見えるけど、列車が来ればごらんのとおりだよ。

列車が来たときのことを想像すればいいんだね。

成田エクスプレス（E259系）

③ 列車は画面の下側に配置

バッチリ撮れたと思っていても、よく見ると列車が画面の上と下との中間の位置に写っていることがある。列車が画面の下のほうにいるように写すと、安定したよい構図になる。

列車は地面に敷かれた線路を走るけぇ、画面の下側に列車が写っとるとどっしりと落ち着いた構図にすることができるんじゃ。

宗谷（キハ261系）

さあ、これからは応用編。まずは直線での編成写真の撮り方をレクチャーしよう。直線で撮る編成写真のポイントは、列車の編成が前から後ろまでまっすぐきれいに写っていること。望遠より標準（→11ページ）で撮ることをオススメする。

① 線路から適度に離れる

線路に近寄れば列車が大きくカッコよく撮れると思ったら大間違い。危険なだけではなく、列車の顔ばかりが大きく写ってしまい、車両の側面が見えないのでカッコ悪い。むしろ線路から離れたほうがよい場合が多い。

線路に近寄ると列車の顔が画面からハミ出てしまって、大失敗することも多いんだ。

ザンネン

ザンネン

ポイント

列車の長さにもよりますが、最低3～4mは線路から離れたほうがバランスの取れた写真が撮れます。

いなほ（E653系）

列車が伸びやかでカッコええじゃろ!

めちゃくちゃカッコいい!!

② 編成の短い車両はさらに線路から離れる

ザンネン

撮りたい列車がおおむね5〜6両編成よりも短い場合、さらに線路から離れて撮らないとバランスの悪い写真やムダな空間の多い写真になってしまう。列車の側面を見せるためには、編成が短ければ短いほど線路から離れないといけない。

ポイント

編成写真は列車の顔だけではなくて、側面もきれいに撮れていることに意義があります。撮影に適切な距離を学んでいきましょう。

普通列車（上毛電鉄 700 形）

近づいて撮るほうがいいと思っていたよ！

③ まずは望遠よりも標準

電化区間の場合、列車を大きく写そうと思って望遠にしてしまうと、ポールが大きく写り目立ってしまう。そういうときは望遠にしないで標準にすると、ポールがあまり目立たずに列車もスッキリと撮ることができる。

成田エクスプレス（E259 系）

ザンネン

望遠にして列車を大きく写したい気持ちはわかるんじゃけど、構図に入れたくないものが目立っとると、写真としてはザンネンなんじゃ。

むやみに望遠で撮らず、全体のバランスを考えて撮ろう！

次はカーブでの編成写真。撮り方としては、カーブの内側から撮るインカーブと、カーブの外側から撮るアウトカーブの2種類がある。かんたんで安全に撮れるのはアウトカーブの撮影だが、ぜひ両方マスターしてほしい。

まずは
インカーブ
からじゃ！

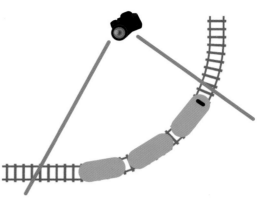

1 列車の長さの予測が必要なインカーブ

目の前を通過していく瞬間のようなカッコいい写真が撮れるのだが、列車の長さに合わせて構図を決める必要がある。

左下の写真は、
予測したよりも列車が
長ぅって、編成が途中で切れて
しもぉた例じゃ。
右下の写真は予測した
よりも列車が短かったけぇ
バランスが悪く、
ぶかっこうな
写真になって
しもぉたのぉ……。

しなの（383系）

ザンネン

ザンネン

② かんたんで安全に撮れるアウトカーブ

カーブの外側から撮るので、列車のお尻のほうは隠れて見えなくなることもある。けれども、貨物列車のように車両がたくさんつながっている列車でも、アウトカーブなら途中で編成が画面からハミ出すことなく撮影できる。

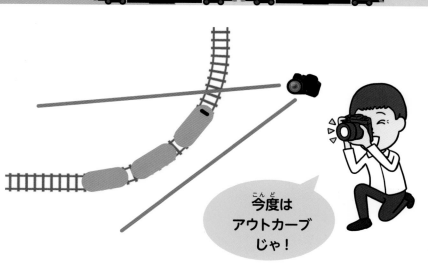

今度はアウトカーブじゃ！

ザンネン

アウトカーブの写真が、今や編成写真の主流になってきとるんじゃ！ ほいじゃけど、あまり望遠にすると、上の写真のように頭でっかちの写真になるけぇ注意せぇよ。

かもめ（N700S）

できるだけカーブが急な場所で撮るのがコツだよ。列車がまっすぐこっちに向かってくるような迫力のある写真になるから、だれもが一度は撮りたくなる、あこがれの撮り方なんだ。

「アウトカーブ0角度」にチャレンジ

列車の顔が真正面を向き、角度がなくなることから、このように呼ばれている。より遠くのものを大きく写せる超望遠のレンズが使えるカメラがあれば、思ったよりかんたんに撮ることができる。

ちちぶ（西武鉄道 001系）

撮ってみたいな〜。

鉄道カメラマンってどういう人!? なぞにせまるため、山﨑さんに少年時代や鉄道カメラマンをめざした理由を聞いてみます!

 どんな少年時代だったの?

 ワシが生まれた家のすぐそばには線路があって、幼いころからそこを走る列車を見て育ったんよ。じゃけぇ、物心ついたときには、すでに鉄道が大好きじゃったんじゃ。

 どうして鉄道カメラマンになろうと思ったの?

 あるとき、ふと「列車の写真を撮ってみよう!」と思いつき、カメラを持ち出してワクワクしながら写真を撮ったんじゃ。ワシが幼稚園のときじゃ。写真ができあがると、撮影したときに見とった列車がそのまま写っとって、感激したんよ。写真はいつでもどこでも見ることができるし、写真を見ればそのときのようすや胸の高鳴りも思い出せる。「列車の写真を撮るって、なんてすばらしいことなんじゃろう!」と感動したんよ。このことが鉄道カメラマンをめざしたきっかけなんじゃ。

山﨑さんがはじめて撮った列車の写真

 子どものころ、好きだった列車は?
今、好きな列車や路線は?

 子どものころは、「ブルートレイン」と呼ばれた寝台特急が大好きじゃった。でも、もうなくなってしもぉた。今は新幹線が好きかのぉ。とがった流線形がカッコえぇわ。路線なら青森県の津軽鉄道。冬は地吹雪が吹き荒れて、ぶち寒いんじゃけど、乗降客や乗務員さんがとてもあたたかく接してくれるんよ。

寝台特急「あさかぜ」
かつて東京と下関とを結んでいた(広島駅にて撮影)。

 鉄道カメラマンになるための学校へ行ったの?

 写真の大学には通ったけど、鉄道写真のことはなんも教えてくれん。卒業してから有名な鉄道写真の先生に弟子入りして、イチから教わったんじゃ。

 写真がうまくなるコツってある?

 撮りたいなと思うようないい写真を見たら、そのマネをしてみること。失敗したら理由を考えて、それを修正してみんさい。これのくり返しよ。思いどおりの写真が撮れたら、次はもっとすごい写真をめざしてみんさい!

3章

いろいろな鉄道写真を撮ってみよう

ここまでくれば、

撮り鉄マスターまであと一歩！

風景やイメージ、

鉄道を感じさせるスナップなど

いろいろな鉄道写真に挑戦してみよう。

花畑や渓谷、雪景色など、四季折々のきれいな風景といっしょに、そこを走る列車を撮るのが鉄道風景写真。列車はあまり大きく写さず、できるだけ景色を目立たせることが大切だ。それには目の前に広がる風景をどう切り取るか、構図作りが鍵をにぎる。

1　列車を真ん中に置かない

ザンネン

編成写真でもそうだが、風景写真で最もカッコ悪いとされているのが、真ん中に列車が写っている写真だ。画面の中で走ってくる列車ばかり集中して見てしまうため、結果的に列車が画面の真ん中に写ってしまうのだ。列車がやって来ても画面全体を意識しながら撮影しよう。

いい風景写真のように見えるけど……。

日本の国旗を「日の丸」というじゃろ？それと上の写真を重ねると、列車と赤いマルが見事に重なったじゃろぉ。つまり、この写真は「日の丸構図」と呼ばれ、カッコ悪いとされる写真なんじゃ。

いっぽう、左の写真は画面の右下に列車を置いて撮った写真。

どうや、こっちのほうが風景が主役いう感じがするじゃろぉが。構図がズレんように三脚を使うのもかしこい手じゃ。

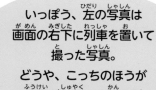

こっちのほうが景色が目立つね！

陸羽東線（キハ110系）

② 人工物を入れない

いざ撮影地に立つと、送電線の鉄塔やガードレール、看板など、まわりに人工物が多いことに気づく。それら鉄道以外の人工物は意外と目立つので、できるだけ画面に入れないようにするか、なるべく気にならなくなるような構図作りが必要だ。

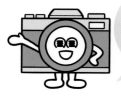

画面に必要ない人工物は、
できる限りカットしたほうがいいよ。
でも、地域の特色をあらわす家並みや風物
なんかは、逆に積極的に取り入れよう。

ザンネン

わたらせ渓谷鐵道（WKT-510形）

写すもの、写さないもの
を決めるんだね！

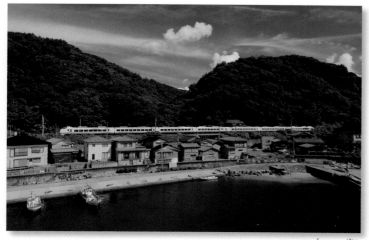

いなほ（E653系）

③ 二分割と三分割

地面に立って、遠くの山や海などと列車を撮るとき、画面にはかならず地平線や水平線が入る。そんなときは、画面の中で線路のある地平線で空と半分に分ける構図にするか、線路と空や海などとそのほかの要素を均等に3つに分ける構図にすればバランスがいい。ただし、列車が「日の丸構図」にならないように注意しよう。

いなほ（E653系）

ポイント

田んぼや畑、海などの背景に空しかなければ二分割、山や林、雲などがあれば三分割と覚えておくといいでしょう。

いなほ（E653系）

風景写真の構図作りのコツは、なるべく列車を画面の四隅に近い位置に置くことだ。それだけで写真がグッとしまる。さらに、いくつかのポイントを意識すればもっといい写真が撮れるようになる。

① 対角線を意識しよう

対角線を意識して撮ろう。川や山などポイントとなる景色があれば、それらと列車を対角線で結ぶような構図にすると、バランスの取れた写真になる。

対角線の構図をマスターすれば、写真の腕前も一段とグレードアップするぞ！

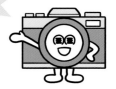

つがる（E751系）

仙山線（E721系）

川がある場合

山田線（キハ110系）

山がある場合

のぞみ（N700A）

ザンネン

② 逆光を利用しよう

色や形をはっきりと写すことが目的の列車写真は、順光で撮るほうがいいが、風景写真では積極的に逆光を利用したほうがいい。ただし画面の中に空を入れてしまうと、空は真っ白、列車は真っ黒に写るので、逆光で撮る場合は空を入れない構図にすることがポイントだ。

新緑や紅葉、湖などは、逆光で撮ったほうが、葉っぱや湖面がキラキラと輝いて美しく写るんじゃ。

山田線（キハ110系）

色あざやかで、きれ〜い！

動画撮影にチャレンジ！

走っている列車は、もちろん動いているし音も出ているので、動画を録るにはもってこいの被写体だ。最近のカメラやスマホには動画撮影の機能が備わっているので、ときには動画を録ってみるのもいいだろう。

動画撮影のコツ①
三脚を使おう

手持ちで動画を撮影すると、カメラが動いてしまうので、画面が揺れて写る。これだと録った動画が見にくいうえに、船酔いするみたいに気分が悪くなることも。

動画撮影のコツ②
動画は横位置で

スマホはたいてい縦に持って操作するので、つい縦位置（→11ページ）で構えてしまう。これだとパソコンなどで見るときに画面が小さくなるので、横位置（→11ページ）で構えよう。

動画撮影のコツ③
動きや音のある場所で

特徴的な動きや音を感じられる場所でねらってみよう。たとえば、クネクネとカーブしているところや、川のせせらぎが聞こえ、走行音が一段と激しい鉄橋などがオススメだ。

スピード感や迫力に満ちた列車のようすを切り取ったイメージ写真。このような写真を撮るには、まずどう撮りたいかを、頭の中で文字どおりイメージすることからはじまるのだ。そしてそのイメージどおりの写真を撮るためには、ちょっとしたテクニックが必要となる。

① アップ

列車の顔が画面からハミ出るほどにアップに撮った写真。カーブの外側（アウトカーブ）から、できる限り望遠にズームして列車をねらおう。特徴的な部分や撮りたいパーツなどが画面にアップになった瞬間にシャッターを押す。AFの設定はかならず「動体予測」（→16ページ）にしておこう。

ザンネン

列車は高速でせまって来るから、あっという間にどんどん大きくなるけれど、あせらないことがポイントだよ。先頭車両の顔をどのように切り取るか、事前にイメージしておくといいよ。

ポイント

顔が真四角の車両をアップに撮ってもつまらないので、変わった顔をしていたり、新幹線など流線形の車両を撮るのがオススメです。

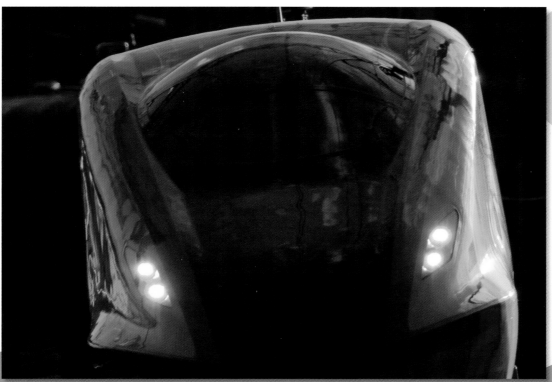

流線形の車両は逆光で撮ると車体が輝くけぇ、ぶちカッコええアップの写真が撮れるで！

迫力満点でキラッキラだね！

かがやき（E7系）

列車の動きに合わせてカメラを振りながら撮るのが「流し撮り」。成功すると列車は止まって写るが背景は流れて写るので、このように呼ばれている。高速で走る列車をレンズを望遠にして撮ると、背景がたくさん流れてスピード感が出るが、カメラを大きく、そして速く振らなくてはならず、列車を追いかけ続けることがむずかしくなるので、難易度も上がる。

のぞみ（N700S）

ザンネン

目の前を走っとるみたいにライブ感満点でカッコええじゃろぉ。

ここにいい失敗例があるで。ブレブレじゃし画面から車両がハミ出しとるのぉ。うまく撮るコツは、画面の中で列車がいつも同じ位置にいるようにカメラを振ることじゃ。

すげー！ 神だ！

はやぶさ（E5系）
こまち（E6系）

撮り方のポイント

列車を真横から流し撮りするときは、体を線路と平行にして、足を肩はばくらい開き、つま先を線路に向けて立つ。そして、カメラを構えて列車が来る方向におへそごと向く。このとき上半身だけをひねってはダメ。列車が来たら動きに合わせて腰を戻しはじめ、カメラとおへそとつま先が列車の顔とちょうど一直線になったときにシャッターを押す。

シャッターを押しおえたあとも、列車を見送るようにカメラを振り続けんといけん。途中で動きを止めた時点で失敗するで。

ポイント

展望台や高い場所から縦位置で、縦方向の流し撮りもできます。

腰をねじって
列車のほうを向く

パシャ

脇をしめたまま腰で上半身を振り、
列車の顔が真横になったらシャッターを押す

シャッターを押したあとも
腰は列車の動きに合わせてよじる

別世界のような雰囲気がある情景をメインにとらえたイメージ写真。朝焼けや夕焼けの逆光などをうまく活用して撮れば、印象的な写真になる。気象条件や時間帯などの影響を受けることが多いので、よい状況ならすぐに撮るという積極さが大事となる。

① 朝夕をねらってみよう

リゾートしらかみ「青池」編成（HB-E300系）

早朝や夕方は太陽の位置が低いため、ドラマチックな写真を撮るにはチャンスの時間帯だ。とくに朝焼けや夕焼けのころは空は刻一刻と表情を変え、オレンジや赤などさまざまな色に変化していく。

> もし太陽が構図に入るようだったら、目によくないからできるだけ太陽は見ないようにしてね。とくに昼間の太陽は光が強いから、なるべく構図に入れないようにしよう。

朝夕に撮る場合の注意点

列車は時間どおりにやってくる。けれども、朝日が出たり夕日が沈んだりする時間は、季節によってぜんぜん違う。だから夏に夕焼けと走る列車が撮れた場所で、冬に同じ時間に撮ろうとしても、すでに日が沈んで真っ暗になっている。

日の出と日の入りの時間(広島県広島市)

冬	日の出時刻	日の入り時刻
2月1日	7時8分	17時40分
夏	日の出時刻	日の入り時刻
8月1日	5時20分	19時12分

国立天文台 暦計算室「各地のこよみ」2022年

> 夕焼けはきれいじゃけど、右の写真のように、かんじんの列車が来んかったら意味がない。時刻表はもちろん、暦がわかるアプリなどで、日の出と日の入りの時間は確認しんさいよ。

> 調べておくことが大事なんだね。

ザンネン

きぬ（東武鉄道100系）

逆光で写真を撮ってみたら、撮りたいものが真っ黒に写っていた……。こんな経験をした人も多いだろう。「シルエット」はこのことを利用したもの。列車をあえて真っ黒に写すことで、空や水面に列車を浮かび上がらせるように撮る方法だ。

ザンネン

ポイント

シルエットの注意点は、かならず線路の上にある背景が空か水面であること。車輪などがその背景に浮かび上がらないとシルエットにならず、ただの黒い固まりになってしまいます。まずは鉄橋や土手を下からねらうといいでしょう。

 さすがだね！

 すごい！

SLばんえつ物語（C57形＋12系）

形が特徴的な車両や列車がシルエット向きじゃ。

こまち（E6系）

③ 天候不良を利用しよう

「雨や雪が降っているから、今日は撮影をやめよう」なんて思っていると、雰囲気があるイメージ写真は撮れない。もちろんきれいな列車写真や風景写真は期待できないが、逆に天候が悪いほうが味わい深い写真が撮れるもの。よほどの悪天候でない限りは撮影に出かけてみよう。ふだんと違った景色が見られるかも。

 雪もすてきだね。

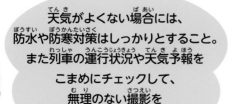

天気がよくない場合には、防水や防寒対策はしっかりとすること。また列車の運行状況や天気予報をこまめにチェックして、無理のない撮影を心がけといけんよ。

陸羽東線（キハ110系）

ここまではかならず列車を写してきたが、スナップ写真は駅や線路など鉄道を感じさせる写真であれば、列車は写っていなくたって大丈夫。列車で旅している途中などに、気になったものを自由気ままに撮ってみよう。

スナップ写真の注意点

ここでいうスナップ写真とは「鉄道スナップ写真」のこと。そこにあるものをただ撮っただけでは、ふつうのスナップ写真になってしまう。駅名板や線路を写しこむなど、写真のどこかに鉄道を感じさせるものを入れよう。

ザンネン

島原鉄道（大三東駅）

望遠（アップ）で撮りすぎると鉄道を感じさせるものが写らず、ふつうのスナップ写真や風景写真になるから、ちょっと広角にズームするといいよ。

① 駅で撮ってみよう

列車での旅行中や駅で乗り降りするとき、乗り換え待ちのときなどに、列車だけでなく駅にも目を向けてみよう。いつも使っている駅とは違うレトロな雰囲気の駅舎や、気になったもの、めずらしいと思ったものは、すかさず写真に撮っておこう。

ポイント

駅で写真が撮れそうなときは、ホームを走らない、黄色い点字ブロックから出ないなど、ルールやマナーを守って撮りましょう（→17ページ）。

小湊鐵道（養老渓谷駅）

ニャンコだけじゃのぉて、後ろに駅名板をさりげのぉ入れとるけぇ、駅のホームで撮ったいうことがわかるじゃろうが。

② 沿線で撮ってみよう

ふだんはあたりまえで気にもとめない踏切や信号機、線路なども、鉄道スナップを撮るためにあらためて見てみると、面白く見えるもの。線路沿いを歩いていて気になったものにも、積極的にカメラを向けてみよう。ただし鉄道の敷地内には入らないこと。

釜石線（平倉駅～足ケ瀬駅）

ポイント

太陽の光をうまく使ったり、花や草木など季節感のあるものといっしょに撮ったりしてみましょう。時間帯や天気を活用するのもよいでしょう。

③ 車内から撮ろう

外をながめていて「あ、きれいだな！」と思った景色があったら、迷わず撮ろう。そうでないと景色は一瞬で通過してしまうからだ。撮り逃さないためにいつもカメラを首からぶら下げておこう。

ザンネン

山陽本線（尾道駅～糸崎駅）

車窓から撮るポイントは、窓枠を入れることじゃ。景色だけ撮ったんじゃあ、どこから撮ったんかがわからんじゃろう？

そっか、あったまいいー‼

鉄道スナップっぽい！

スナップは何にどう感じるか、君たちの注意力やセンスで撮るもんなんじゃ。自由な発想で、いろんなもんをどんどん撮ってみんさいね！

④ 列車をボカそう

ここまでは列車にかならずピントを合わせてきたが、列車が脇役のスナップ写真では、列車がボケていたってかまわない。列車よりも前にある花や木などにピントを合わせ、列車をボカすような技がこなせれば、君はもう立派な「撮り鉄マスター」だ。

秋田内陸縦貫鉄道（桂瀬駅）

インタビュー 鉄道カメラマンの仕事について

あまり知られていない鉄道カメラマンの仕事。ふだんどんな仕事をして、どんな苦労があるのか、山﨑さんに聞いてみます！

鉄道カメラマンって、どんな仕事をしているの？

もちろん走っている列車の写真を撮ることが中心の仕事なんじゃけど、ワシはそれだけじゃないんよ。今みんなが読んでいるこの本のように、鉄道に関する本を書いたり絵本や図鑑なども作っとるんじゃ。ほかにも鉄道写真の教室を開いてみんなに撮り方を教えたり、鉄道写真についてのセミナーをしたり、テレビやラジオにも出たりしとるんで。

鉄道写真に関する、いろいろな仕事をしているんだね！

山﨑さんはどんなカメラを使っているの？

今はミラーレス一眼カメラを中心に使っとるよ。カメラは大小合わせると10台、レンズは25本くらいあって、そのときの撮影状況に合わせて機材を変えとる

山﨑さんの機材の一部

んじゃ。カメラやレンズだけじゃのぉて、フィルターやストロボ、三脚なんかもあるけぇ、とてもたくさんの荷物になるんじゃ。

そんなに多くの荷物を持って歩くのは大変だね。

そうなんよ。じゃけぇ、撮影に出かけるときは、ほとんど車で行くんじゃ。車だと機材もたっぷり積みこめるけぇね。一度撮影に出てしまうと、だいたい1週間から2週間くらいは自宅に帰らんでずっと撮影しとるんよ。日本各地をまわりながら、1か月以上も撮影に出っぱなしということもあったわいや。

そんなに長いあいだ撮影をしていて、ごはんや寝るところはどうしているの？

カメラマンにもいろいろなタイプの人がおるけど、ワシは車で自炊して車の中で寝るタイプ。カセットコンロを使ってかんたんな料理を車内で作って、次の日の撮影地の近くで車中泊するんよ。そうすれば翌朝、目が覚めるとすぐに撮影できるけぇね！　最近は車をキャンピングカーにしたけぇ、車内の寝心地がとてもよくなったんじゃ。

山﨑さんのキャンピングカーの車内

カッコいい
鉄道写真を撮ろう

山﨑友也がオススメする！

全国の**撮影地**
ガイド

カッコいい鉄道写真が
撮れる有名な場所から、
とっておきの撮影ポイン
トまで、全国のオススメ
撮影地を紹介します。

---

1 釧網本線 北浜〜藻琴

普通列車（キハ54形＋キハ40形）

毎年2月前後には、オホーツク海に流氷がやって来る。夏もいいが、
寒い冬の北海道だからこそ見られるこの絶景を、オホーツク海に一
番近い駅といわれる北浜駅（B76）に併設されている展望台から撮
影しよう。冬の時期は気温が氷点下になることがふつうなので、寒
さ対策は万全に。

📷 撮れる列車

しれとこ摩周号／普通列車／
流氷物語号（臨時）など

https://bit.ly/3wtFrlP

[行き方] 釧網本線北浜駅から徒
歩約10秒。北浜駅の駅舎内に
は、レストラン「停車場」があり、
昔の列車のイスに座ってホームや
海を見ながら食事ができる。

→は撮る方向、📶は国道、QRコードから周辺のようすを見ることができます

北海道

41

2 室蘭本線 稀府〜黄金（むろらんほんせん まれっぷ こがね）

北斗（261系）（ほくと）（けい）

直線の編成写真がきれいに撮れるうえに、晴れた日には後ろに有珠山がそびえ立ち、風景写真的な要素も取り入れられる。山を大きく見せるためにできるだけ望遠にズームして、ブレないように三脚の使用をオススメする。午後が順光だ。特急列車は高速で通過するので、線路に近づきすぎないよう注意しよう。

📷 撮れる列車（とれるれっしゃ）

北斗／普通列車／貨物列車など（ほくと）（ふつうれっしゃ）（かもつれっしゃ）

https://bit.ly/3wXKGtV

[行き方（いきかた）] 室蘭本線稀府駅（むろらんほんせんまれっぷえき）（H36）から徒歩約18分。駅前を黄金駅（H35）方向に進み、踏切を渡って道道779号を左折する。第二黄金橋を渡ってすぐの砂利道を左折すると、室蘭本線の線路脇に進める。

3 五能線 あきた白神〜岩館（ごのうせん あきたしらかみ いわだて）

リゾートしらかみ「橅」編成（HB-E300系）（ぶな）（へんせい）（エイチビーイー）（けい）

ＪＲ（ジェイアール）のカレンダーやポスターなどに何度も登場している、第二小入川橋梁（だいにこいりかわきょうりょう）が見える五能線の人気撮影スポット。晴れた日には日本海の向こうに男鹿半島（おがはんとう）をながめることもできる。列車と海をアップにしたければ望遠側に、橋の下にある集落も入れたければ広角側にズームして撮影しよう。午前中の早い時間が順光になる。

📷 撮れる列車（とれるれっしゃ）

普通列車／リゾートしらかみ（ふつうれっしゃ）（臨時）など（りんじ）

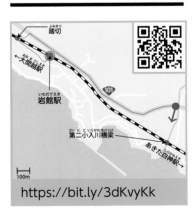

https://bit.ly/3dKvyKk

[行き方（いきかた）] 五能線岩館駅から徒歩（ごのうせんいわだてえき）約22分。駅を出て大間越駅方向（おおまごしえきほうこう）に進み、踏切を渡って国道101号を右折後、約15分。

4 奥羽本線 高畠〜赤湯（おううほんせん たかはた〜あかゆ）

つばさ（E3系）

撮れる列車

つばさ／普通列車など

https://bit.ly/3cPM1wm

田園風景と山形新幹線「つばさ」を撮るなら、この場所が最高だ。田んぼは5月の田植えの時期から、夏空、黄金色に実った秋、雪一面の冬という具合に、ほぼ一年中楽しめる。途中には桜並木もあるので、時期を合わせておとずれてみよう。午前中が順光になるうえ、夕方は夕日も撮影できる。

[行き方] 奥羽本線高畠駅から徒歩約20分。赤湯駅方向に向かう。せっかくなので、途中までは廃線跡の「まほろばの緑道」を歩いてみるのもいいかも。高畠駅の駅舎内には「高畠町太陽館」という温泉もある。

---

5 東北本線 東大宮〜蓮田（とうほくほんせん ひがしおおみや〜はすだ）

カシオペア紀行（EF81形＋E26系）

撮れる列車

日光／普通列車／貨物列車／カシオペア紀行（不定期）など

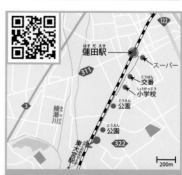

https://bit.ly/3Aqc30Z

総武本線の名撮影地である「モノサク」と並んで、「ヒガハス」として超有名な撮影地。線路の周辺に障害物がないため、列車の顔からお尻のほうまで車両をきれいに撮影できる。編成写真から風景写真、そしてイメージ写真など、あらゆる写真が撮れるので、一日いても飽きない。朝、蓮田駅方面に向かう列車が順光になる。

[行き方] 東北本線蓮田駅から徒歩約16分。駅前を東大宮駅方向に進み、線路と平行している道路を直進し続けよう。

6 東海道新幹線 三島〜新富士
とうかいどうしんかんせん みしま しんふじ

のぞみ／ひかり／こだま／ドクターイエロー（不定期）

のぞみ（N700S）
エヌ エス

新幹線と富士山とをいっしょに撮れる、日本を代表する撮影地。くっきりとした富士山を撮るには、湿度の低い秋から春先の晴れた日をねらおう。カメラのモードは、スポーツやペットなど動きの速いものを撮る設定にかならずしておかないと、新幹線がブレてしまうから気をつけよう。

https://bit.ly/3dW3QtK

[行き方] 岳南電車岳南線須津駅（GD8）から徒歩約18分。駅を出て神谷駅（GD9）方向にある踏切を渡り、富士山を背に東海道新幹線の線路をめざして南へ進む。

---

7 信越本線 青海川〜鯨波
しんえつほんせん おうみがわ くじらなみ

しらゆき／普通列車／貨物列車／越乃shu＊kura（臨時）など

普通列車（E129系）
ふつうれっしゃ イー けい

日本海に一番近い駅として有名な青海川駅。駅と列車、美しい大海原を、レンズを広角側にズームして、画面いっぱいに収めよう。午前中が順光だが、4月や10月前後には真正面の位置に夕日が沈むので、その時期は夕方におとずれると、印象的なイメージ写真を撮ることができるだろう。

https://bit.ly/3roR9eB

[行き方] 信越本線青海川駅から徒歩約12分。駅を出て北陸自動車道（E8）下の交差点を左折し、坂を登る。また、国道8号の下をくぐる手前の遊歩道を登った酒屋の前からは、駅が真下に見える。

8 東海道本線 新大阪〜大阪

新快速（225系）

📷 撮れる列車

サンダーバード／スーパーはくと／はまかぜ／新快速など

https://bit.ly/3CztGOm

[行き方]大阪メトロ堺筋線・谷町線・阪急電鉄千里線天神橋筋六丁目駅（K11・T18）から徒歩約15分。天神橋筋を北へ進み、天神橋8北交差点を左折し、淀川の河川敷へ。

淀川にかかる上淀川橋梁を、特急列車や新快速などが疾走する。河川敷からこれらにレンズを向けて、望遠にすれば迫力ある編成写真、広角にすれば川と都市のビル群とを交えた風景写真が撮影できる。西側のトラス橋（部材を三角形に組み合わせた構造の橋）を走る列車を流し撮りするのも面白い。

9 山陰本線 折居〜三保三隅

TWILIGHT EXPRESS 瑞風（87系）

📷 撮れる列車

スーパーおき／スーパーまつかぜ／普通列車／TWILIGHT EXPRESS 瑞風（不定期）など

https://bit.ly/3QnP10C

[行き方]山陰本線折居駅から徒歩約15分。三保三隅駅方向に国道9号を進み、道の駅「ゆうひパーク三隅」の手前を右折して海のほうへ細い道を下る。

日本海に沿って走る山陰本線の列車を撮る場所の中で、ここは行きやすいうえに美しく撮ることもできることで有名だ。レンズを望遠にズームすると海が写る面積が少なくなってしまうので、広角にズームして空と海をたくさん画面に入れて撮るといいだろう。午前中が順光になる。

10 予讃線 浅海～大浦
（よさんせん　あさなみ　おおうら）

いしづち（8000系）

撮れる列車（とれるれっしゃ）

しおかぜ／いしづち／普通列車／貨物列車など（ふつうれっしゃ／かもつれっしゃ）

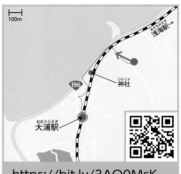

100m

神社（じんじゃ）　浅海駅（あさなみえき）

196

大浦駅（おおうらえき）

https://bit.ly/3AO0MsK

波がおだやかで大小さまざまな船が行き来する瀬戸内海。そんなのんびりとした心地よいようすを、鳥になったつもりで見下ろしてみよう。左右の見通しが悪く、列車は一瞬でかけ抜けるので、三脚を用意しておくと撮り逃す失敗が防げるだろう。周辺のみかん畑には、許可なく立ち入らないように。

[行き方] 予讃線大浦駅（Y47）から徒歩約12分。海岸沿いの国道196号に出て、浅海駅（Y46）方面へ右折。約300m先で右折して線路をくぐり、200mほど先のY字路を左へ。

11 日豊本線 杵築～大神
（にっぽうほんせん　きつき　おおが）

ソニック（885系）

撮れる列車（とれるれっしゃ）

ソニック／にちりんシーガイア／普通列車／36ぷらす3（臨時）など（ふつうれっしゃ／さんじゅうろくさん／りんじ）

E97

杵築駅（きつきえき）

大神駅（おおがえき）

644

八坂川（やさかがわ）

100m

https://bit.ly/3AKHeVW

田んぼの奥にかかる赤い鉄橋が風景のアクセントとなるポイントだ。土手を走る列車を下から見上げるので、ぜひとも青空の日におとずれたい。田んぼや土手などに、菜の花や彼岸花などが咲いていることもある。また、線路をくぐってカーブの東側からも撮影可能だ。

[行き方] 日豊本線杵築駅から徒歩約6分。駅前を大神駅方面に進み、県道644号と合流した付近が撮影地。歩道が広いところで、車に気をつけながら撮影しよう。

おわりに

　最近気になるんが、テレビとかをにぎわしとる、撮り鉄のマナー違反に関するニュース。ワシも撮り鉄じゃけぇ、めあての列車を撮りたいいう気持ちはぶちわかるんじゃけど、マナーやルールを破ったり、危険な行為や人に迷惑をかけたりしたら、ダメに決まっとるじゃろぉ？　それはもう趣味でもなんでもないし、そういう人らに「撮り鉄」を名乗ってほしゅうないわいや！　君たちはそんなことせんと思ぉとるけど、この本の鉄則やNG集をもう一度読んで頭に入れて、撮影地でも仲間とゆずり合うて仲よぉしてほしい。ほいで、みんなで気持ちよぉ撮影に励み、撮り鉄を心から楽しもうで！

鉄道カメラマン　山﨑友也

さくいん

山﨑友也（やまさき・ゆうや）

広島県生まれ。日本大学芸術学部写真学科卒業後、鉄道写真の第一人者である真島満秀氏に師事。フリーを経て、現在は鉄道写真の専門家集団「有限会社レイルマンフォトオフィス」代表。独自の視点から鉄道写真を多彩に表現し、出版や広告など多方面で活躍中。

写真・執筆	山﨑友也
写真協力	山下大祐（有限会社レイルマンフォトオフィス）、ソニー株式会社、パナソニック株式会社、キヤノンマーケティングジャパン株式会社、ニコンイメージングジャパン、PIXTA
協力	株式会社交通新聞社、東日本旅客鉄道株式会社
モデル	初野志拓、山田裕夏
イラスト	オオノマサフミ、福間祐子（14ページ　順光・逆光の図）
装丁・デザイン	森岡寛貴（一般社団法人ミライエ）
巻末デザイン・DTP	近藤みどり
図版制作	野村幸布
編集	小西眞由美、西垣一葉（株式会社春燈社）
制作	株式会社春燈社

マナーを守って楽しく極める！
正しい鉄ちゃん道
①撮り鉄

2022年12月23日　初版第1刷発行

山﨑友也／著

発行者／西村保彦
発行所／鈴木出版株式会社
〒101-0051　東京都千代田区神田神保町2-3-1 岩波書店アネックスビル5F
電話／03-6272-8001
FAX ／03-6272-8016
振替／00110-0-34090
ホームページ　http://www.suzuki-syuppan.co.jp/

印刷　株式会社ウイル・コーポレーション